글 크리스틴 에반스
남편과 딸과 함께 캘리포니아주에 사는 영국 작가입니다. 《여자는 곤충을 좋아하면 안 되나요?》는 그의 첫 번째 그림책입니다.

그림 야스민 이마무라
일러스트레이터이자 제품 디자이너입니다. 필리핀 마닐라에서 자랐으며, 지금은 오리건주 포틀랜드에서 살고 있습니다.

옮김 엄혜숙
서울에서 태어나 연세대학교에서 독일 문학과 한국 문학을, 인하대학교와 일본 바이카여자대학에서 그림책과 아동 문학을 공부했습니다. 지금은 어린이책을 기획하고 쓰면서 외국의 좋은 어린이책을 우리말로 옮기고 있습니다.

벤과 나의 두 작은 벌레들, 에밀리와 애나벨에게
_크리스틴 에반스

결코 상투적인 사람이 아니었던, 나의 엄마에게
_야스민 이마무라

똑똑한 책꽂이 23
여자는 곤충을 좋아하면 안 되나요?

1판 4쇄 발행 2023년 8월 1일 | 1판 1쇄 발행 2021년 3월 31일
글 크리스틴 에반스 | 그림 야스민 이마무라 | 옮김 엄혜숙
펴낸이 김상일 | 펴낸곳 도서출판 키다리
편집주간 위정은 | 편집 이은경, 이신아 | 디자인 송지선 | 마케팅 백민열, 장현아 | 관리 김영숙
출판등록 2004년 11월 3일 제406-2010-000095호 | 제조국 대한민국 | 사용연령 5세 이상
주소 경기도 파주시 심학산로 10 | 전화 031-955-9860(대표), 031-955-9861(편집) | 팩스 031-624-1601
이메일 kidaribook@naver.com | 블로그 blog.naver.com/kidaribook
ISBN 979-11-5785-402-8(77400)

EVELYN THE ADVENTUROUS ENTOMOLOGIST
by Christine Evans, illustrated by Yasmin Imamura
Text Copyright ©2019 by Christine Evans
Illustration Copyright ©2019 by Yasmin Imamura
First published by The InnovationPress. All rights reserved.
This Korean edition was published by KIDARY Publishing Co. in 2021 by arrangement
with The Innovation Press c/o Kaplan/DeFiore Rights through KCC(Korea Copyright Center Inc.), Seoul.

· 이 책의 한국어판 저작권은 KCC 에이전시를 통한 Innovation Press사와의 독점계약으로 키다리 출판사에 있습니다.
· 저작권법에 의해 한국 내에서 보호를 받는 저작물이므로 무단전재와 무단복제를 금합니다.
· 잘못된 책은 구매하신 곳에서 교환할 수 있습니다.

곤충이라면 어디든 달려간 곤충학자 에벌린

여자는 곤충을 좋아하면 안 되나요?

크리스틴 에반스 글 야스민 이마무라 그림 엄혜숙 옮김

킨더리

1881년 에벌린 치즈맨이 태어났을 때, 대부분의 사람들은
여자아이들이란 조용하고, 깨끗하고, 치마를 입어야 한다고 생각했어요.
그리고 여자아이들은 절대로 곤충을 잡으러 가지 않았어요.

에벌린은 형제자매들과 함께 곤충을 찾아 숲을 돌아다니고 연못에서 철벅댔어요.

에벌린은 진흙탕을 기어 다니고
곤충을 잡아 주머니를 가득 채웠어요.

에벌린이 자신의 작은 집 너머에 있는 세계를 꿈꾸는 동안,
반딧불이 애벌레들이 병 속에서 반짝였어요.

몇 년 뒤, 에벌린은 수의과 대학에 지원했어요.
병든 동물들을 돕고 싶었거든요.

하지만 때는 1900년대 초반이었어요.
여자들은 투표할 수 없었어요.
여자들은 거의 대학에 가지 않았어요.
그리고 여자들은 절대 수의사가 될 수 없었어요.

그래서 에벌린은 병든 동물들을 도울 수 있는 다른 길을 택했어요.
하루빨리 수의과 대학의 문이 여자들에게 열리기를 바라면서 개를 돌보는 간호사가 되었지요.
에벌린은 병든 그레이하운드, 불도그, 테리어들을 돌보았어요.

에벌린은 개에게 먹이를 주고, 체온을 재고, 약을 주었어요.
하지만 마음속으로는 여전히 수의사가 되고 싶었어요.

어느 날, 에벌린의 친구 그레이스가 편지를 보냈어요.
자신의 사촌인 레프로이 교수가 런던 동물원에 있는
곤충의 집을 운영할 사람을 간절히 원한다고요.
그때까지 어떤 여자도 곤충의 집을 맡아본 적이 없었어요.

그렇지만 에벌린은 갔어요.

그런데 곤충의 집은 텅 비어 있었어요.
딱정벌레 한 마리만 거대한 수조에서 헤엄치고 있었지요.
남자 사육사들이 제1차 세계 대전에 참전하는 동안,
곤충의 집은 내팽개쳐 있던 거예요.
에벌린은 곤충의 집을 맡아보기로 했어요.

에벌린은 런던의 연못과 개울 곳곳에서
곤충들을 그러모았어요.

동네 아이들에게 곤충의 집에 전시할 만한 독특한 애벌레,
딱정벌레, 달팽이를 찾아 달라고 부탁했어요.

에벌린은 곤충학을 공부했고, 궁금한 것들을
알기 위해 곤충책을 읽고 또 읽었지요.

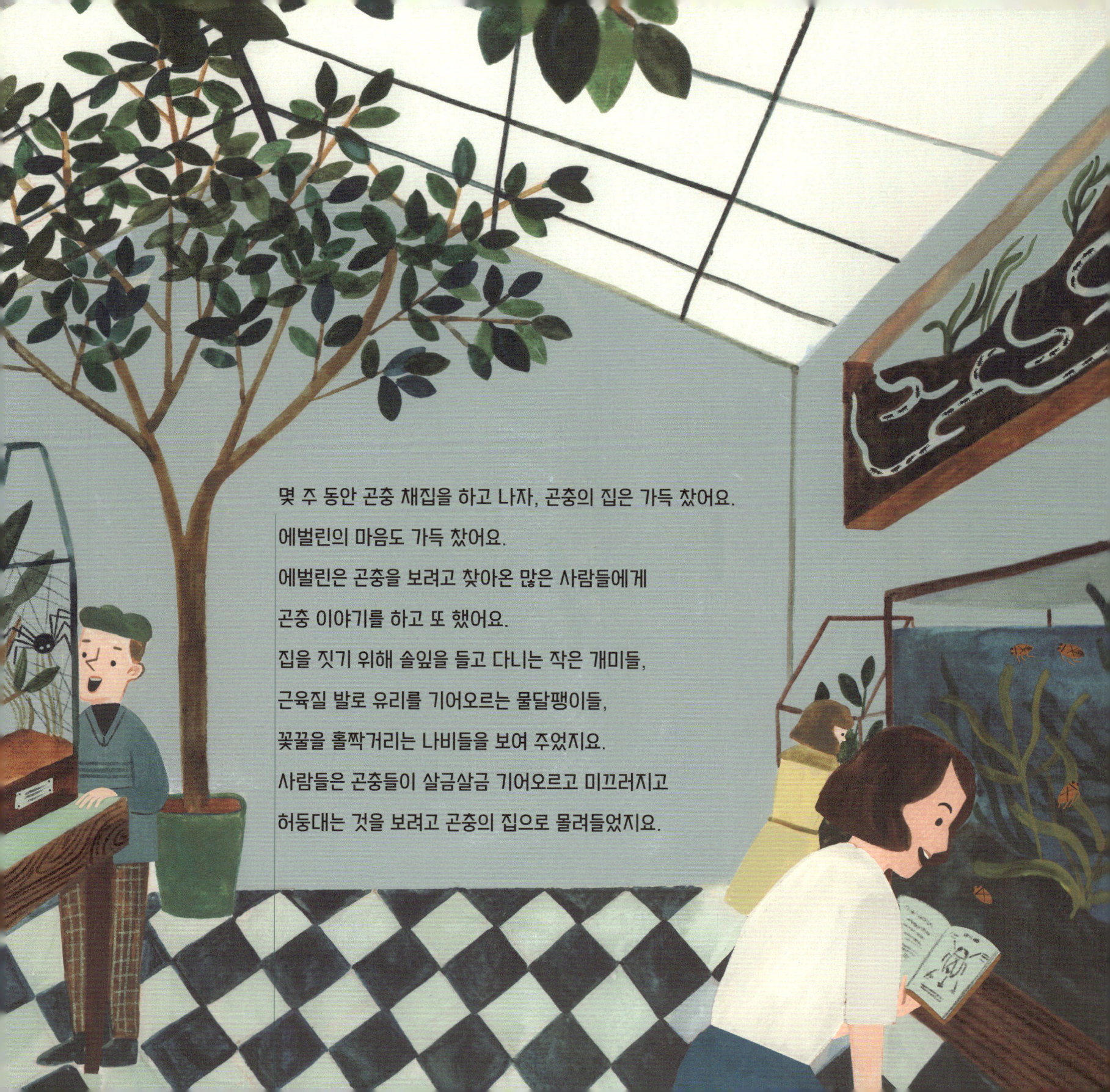

몇 주 동안 곤충 채집을 하고 나자, 곤충의 집은 가득 찼어요.
에벌린의 마음도 가득 찼어요.
에벌린은 곤충을 보려고 찾아온 많은 사람들에게
곤충 이야기를 하고 또 했어요.
집을 짓기 위해 솔잎을 들고 다니는 작은 개미들,
근육질 발로 유리를 기어오르는 물달팽이들,
꽃꿀을 홀짝거리는 나비들을 보여 주었지요.
사람들은 곤충들이 살금살금 기어오르고 미끄러지고
허둥대는 것을 보려고 곤충의 집으로 몰려들었지요.

에벌린은 여전히 자신의 작은 세계 너머에 있는 장소들을 꿈꾸었어요.
전혀 연구되지 않은 곤충들과 알려지지 않은 이야기들도 알고 싶었어요.
수의과 대학의 문이 마침내 여자들에게 열렸을 때에도
에벌린은 절대 곤충의 세계를 떠나고 싶지 않았어요.

1924년 에벌린은 열대 곤충을 조사하러 가는 탐험에 대해 들었어요.
그 당시에는 여자 과학자와 탐험가가 드물었어요.
사람들은 여자가 그 일을 하는 게 안전하지 않다고 생각했거든요.
여자들은 집에 있어야 했어요.

그렇지만 에벌린은 갔어요.

파도가 굽이치는 대양을 8천 킬로미터가 넘게 항해한 뒤,
에벌린은 해 뜰 때부터 해 질 때까지 태평양의 섬들을 탐험했어요.

에벌린은 지네를 쫓았고, 나비를 잡았고, 거대한 육지 달팽이를 따라다녔어요.

그때 에벌린은 주머니 속에 든 손톱 다듬는 금속 줄이 생각났어요.
에벌린은 끈적끈적한 거미줄 가닥을 하나씩 하나씩 자르고
고치처럼 감싸고 있던 거미줄에서 빠져나왔지요.

누쿠 히바섬에서 에벌린은 흥미로운 곤충들을 발견할 거라고 확신했어요.
그래서 가파른 절벽을 기어오르고자 했어요. 마을 사람들은 에벌린에게
오로지 한 남자만이 그 절벽을 오르는 데 성공했다며 가지 말라고 했어요.

그렇지만 에벌린은 갔어요.

에벌린은 몇 시간이나 절벽을 올랐고,

윙윙거리는 벌과 말벌, 딱정벌레와 메뚜기를 발견했어요.

그런데 에벌린은 곧 자신이 끔찍한 실수를

저질렀다는 것을 알아차렸어요.

목 마를 때 물 대신 짜서 마시려고 했던

신선한 라임들을 놓고 온 거예요.

에벌린은 개울을 찾아다니다가 그만 미끄러졌어요.
계속 굴러떨어지던 에벌린은 손을 뻗었고……

덤불을 꽉 붙잡고 나서야 멈추었어요. 에벌린은 스스로 자신을 구해야 했어요.
에벌린은 애벌레처럼 절벽을 천천히 올라갔지요.

에벌린은 이번에도 모험에서 살아남았어요.
곤충들로 가득 찬 에벌린의 배낭도 살아남았어요.

에벌린은 계속 이곳저곳을 다니며 곤충을 조사했어요.
1925년에는 타히티섬으로 배를 타고 가서 새로운 종의 메뚜기를 발견했어요.

1934년에 에벌린은 뉴기니를 탐험했고 새로운 종의 딱정벌레를 발견했어요.

1938년 에벌린은 와이게오섬에 있는 활동을 멈춘 화산 꼭대기에서 새로운 푸른 난초를 발견했어요.

1955년, 에벌린은 영국 여왕에게 대영 제국 최고 훈장을 받았어요.
과학에 기여한 공로를 인정받은 거예요.

에벌린은 절대 멈추지 않았어요. 머리가 하얗게 세고 몸이 아파도요.
이 모험심 강한 곤충학자는 거의 30년 동안 산에 오르고,
정글을 탐험하고, 곤충을 채집했어요.

그다음에 에벌린은 자신의 이야기를 책으로 엮었어요.
그 책을 읽은 사람들은 에벌린처럼……

자신이 원하는 곳으로 갈 거예요.

한국의 파브르, 곤충학자 정부희

박사님께서는 어떻게 곤충학자가 되셨나요?

어렸을 적에는 곤충학자가 될 거란 생각을 전혀 하지 못했어요. 제 꿈은 어렸을 때부터 대학교를 졸업할 때까지 쭉 영어 선생님이었어요.
결혼을 하고 아이들과 전국 방방곡곡으로 유적 답사를 다니던 어느 날, 야생화에 날아온 곤충들이 하나둘 눈에 띄기 시작했지요. 몸길이가 1센티미터도 안 되는 데도 있을 건 다 있고, 몸 색깔은 어찌나 아름답게 치장을 했는지 볼수록 경이로운 기분이 들었어요. 그런데 그 곤충의 이름이 무엇인지 몰라 애를 태웠어요. 이참에 곤충 공부를 해서 많은 곤충들에 대한 수수께끼를 풀어 보자 마음먹었어요. 그래서 마흔 살이 되었을 때, 곤충학자가 되기 위해 정식으로 대학원에 갔어요.

어렸을 때 곤충을 좋아하셨나요?

좋아하지도 싫어하지도 않았고, 그저 친했어요. 저는 어렸을 때, 제가 중학생이 되어서야 전깃불이 들어왔을 만큼 자연환경이 건강한 산골에서 자랐어요. 눈만 뜨면 마당에, 뒷산에, 길바닥에 곤충들이 날아다니고 기어 다니는 것이 보였지요. 곤충은 '공기' 처럼 항상 제 곁에 있는 가족 같은 존재였어요. 여름 밤, 처마에 달린 호롱불에 사슴벌레, 물방개, 풍뎅이 등 많은 곤충들이 부웅 날아와 부딪쳐 떨어지면 그 곤충들을 손에 올려놓고 놀다가 뒷산에 놓아주곤 했습니다.

네점무늬무당벌레붙이 © 정부희

가장 좋아하는 곤충은 무엇인가요? 왜 그 곤충을 좋아하나요?

곤충은 다 좋아해요. 그래도 좋아하는 곤충을 꼽으라면 버섯살이 곤충(버섯을 먹고 사는 곤충)을 꼽지요. 저는 곤충 중에서 버섯살이 곤충을 연구하는 곤충학자예요. 버섯살이 곤충 연구자는 우리나라에 저만 있을 정도로 보기 드물어요. 전국의 산을 다니며 버섯을 따 와 그 속에서 사는 버섯살이 곤충을 일일이 자식처럼 키워 생활사를 밝혔기에 애정이 많이 가요. 이 녀석들은 버섯 외에 다른 음식은 먹지 않기 때문에 버섯이 없으면 죽어요.
버섯살이 곤충에는 거저리, 버섯벌레, 애기버섯벌레, 애버섯벌레, 무당벌레붙이 등 많아요. 특히 구슬무당거저리의 몸 색깔은 휘황찬란한 무지갯빛을 띠고 있어 매우 아름답고, 흑진주거저리의 몸은 까만 진주처럼 반들반들 빛이 나고, 네점무늬무당벌레붙이는 알록달록 색동옷을 입은 것처럼 예뻐요. 또 도깨비거저리는 말굽버섯에서만 사는데, 가슴에 도깨비방망이 같은 뿔이 달려 있어 귀엽고 멋지지요.

도깨비거저리 © 정부희

새로운 곤충을 발견한 적이 있나요?

네. 세계에서 처음 발견한 곤충을 신종이라고 해요. 버섯살이 곤충 가운데 버섯벌레과 2종과 애버섯벌레과 1종을 세계에서 처음 발견했어요. 발견된 신종의 학명에 우리나라 영어 이름인 코리아와 지역 이름인 강원, 제주를 넣었어요. 그 곤충들을 부르는 우리나라 이름은 강원작은버섯벌레, 꼬마가는버섯벌레, 제주검정애버섯벌레로 지었어요.

곤충을 연구하면서 곤란한 상황에 처한 적이 있나요?

곤란하고 난관에 부딪히는 일은 매우 많아요. 야외 관찰 작업 가운데 기억에 남는 일은 뱀과 만났을 때예요. 저는 유난히 뱀을 무서워해요. 버섯살이 곤충을 관찰하기 위해서는 숲속으로 들어가야 하는데, 버섯이 피어난 곳엔 대개 뱀들이 똬리를 틀고 있어요. 뱀의 몸 색깔은 숲 바닥, 쓰러진 통나무, 커다란 버섯 색깔과 비슷하기 때문에 무심코 걷다가 바로 코앞에서 뱀을 발견할 때가 많아요. 심지어 제주도 곶자왈에서 한나절에 8번이나 뱀과 마주친 적이 있어요. 그런 날은 관찰을 포기하고 산에서 내려와요. 뱀을 만나면 한동안 산을 못 가고, 잠잘 때 뱀 꿈을 꾸기도 해요.

곤충을 공부하고 연구하면서 봤던 것 중에 아이들에게 들려주고 싶은 재미있는 곤충 이야기가 있나요?

갈색꽃구름버섯에서 사는 볼록진주거저리 이야기를 해 줄게요. 볼록진주거저리의 애벌레는 마치 가래떡이 나오듯이 길고 가느다란 똥을 끊어지지 않게 누어요. 항문에서 나오는 똥의 길이를 잰 적이 있는데 무려 4센티미터나 되었답니다. 크기가 6~7밀리미터밖에 안 되는 팥알만 한 작은 곤충인데 자기 몸에 몇 배가 되는 똥을 눈 거예요. 볼록진주거저리 애벌레 똥은 잘 끊어지지 않고 물기와 탄력이 있어 잘 바스러지지도 않아요.

지혜로운 볼록진주거저리 애벌레는 자신이 싼 똥들을 재활용해요. 똥 속에 숨어 버섯을 먹고, 쉬기도 하고, 잠도 자는 등 의식주를 해결해요. 천적이 가까이 있어도 똥 뭉치 속에 숨어 있으면 천적의 눈을 피할 수 있고, 비가 와도 빗물이 거의 들이치지 않으니 안전하게 지낼 수 있지요. 볼록진주거저리 애벌레에게 있어 똥은 그 무엇과도 바꿀 수 없을 만큼 소중한 안식처예요.

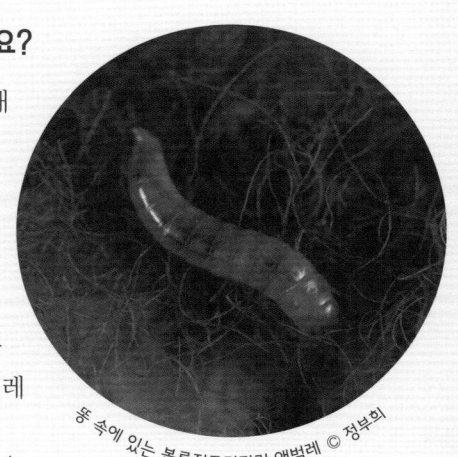
똥 속에 있는 볼록진주거저리 애벌레 ⓒ 정부희

곤충학자가 되고 싶은 아이들에게 해 주고 싶은 이야기가 있으신가요?

곤충학자가 꿈이라고 말하는 친구들은 자주 만나요. '곤충학자'라고 하면 좀 막연하지요. 곤충학은 여러 분야가 있어요. 생김새가 어떤지, 조상이 누군지, 몸속에서 내는 방어 물질이 무엇인지, 짝을 찾을 때 어떤 구애 활동을 하는지, 포식자를 어떻게 따돌리는지 등등 연구할 분야는 많아요. 이 모든 것을 한 사람이 다 하는 건 힘들어서 대학원에 가서 본인의 관심 분야를 결정해요.

지금 우리 친구들이 해야 할 일은 곤충과 함께 잘 지내는 거예요. 곤충 이름을 잘 아는 것도 좋지만, 곤충이 어떤 밥을 먹는지, 천적을 만나면 어떻게 행동하는지, 어떤 모습으로 쉬는지, 어른벌레와 애벌레가 어떻게 살아가는지, 어느 계절에 활동하는지 등등을 세세하게 관찰하는 게 좋아요. 관찰하는 과정을 일기처럼 기록하고, 사진을 찍어 자료로 남기는 것도 좋아요. 어떤 친구는 곤충 이름을 많이 안다고 곤충을 다 아는 것처럼 으스대는데 그건 한수 낮은 행동이에요.

꼭 당부하고 싶은 것은 산이나 들에 나가 자연 속에서 곤충을 관찰하고, 절대로 집으로 데려오지 말아야 해요. 곤충의 집은 자연이기 때문이에요. 또 곤충을 관찰한다고 손으로 만지면서 괴롭히면 안 돼요. 우리 친구들의 몸을 누군가 건드리고 만지고 잡아당긴다 생각해 보세요. 얼마나 아프고 힘들겠어요! 곤충을 관찰할 때는 곤충 관찰통이나 비닐 지퍼백에다 조심스럽게 넣은 뒤 눈으로만 관찰해요. 곤충은 우리와 똑같이 소중한 생명을 가지고 있으니 이웃처럼 사이좋게 지냈으면 좋겠어요.

우리 친구들은 곤충으로 치면 번데기 시절이라고 생각하고 살았으면 좋겠어요. 다들 가슴 한가운데 소중한 꿈을 품고, 그 꿈을 이루기 위해 생명을 존중하면서 열심히 관찰하고 노력했으면 좋겠어요. 그러면 멋진 날개를 가진 나비로 변신할 수 있을 거예요.

루시 에벌린 치즈맨에 대해

루시 에벌린 치즈맨은 1881년에 태어났어요. 에벌린은 어렸을 때 자주 아팠고 침대에서 많은 시간을 보냈어요. 이렇듯 병약한 아이였지만 에벌린은 위험과 질병, 모두의 반대에도 불구하고 끈질기게 노력하며 포기하지 않는 강한 여성으로 자랐어요.

어른이 된 에벌린은 잉글랜드에서 가정 교사로 직장 생활을 시작했고, 수의과 대학에 갈 수 없자 병든 개들을 돌보는 간호사로 훈련을 받았어요. 그러다 에벌린은 런던 동물원에 있는 곤충의 집 첫 번째 여성 큐레이터가 되었죠. 덕분에 곤충의 집은 먼지투성이의 버려진 방에서 사람들이 북적대는 동물원의 명소로 바뀌었어요. 에벌린은 곤충의 집에서 일하면서 곤충을 연구했고, 곤충의 매력에 빠졌어요. 그 덕분에 그 당시 여성들이 가지 않던 길을 첫 번째로 걷게 되었어요.

1924년, 에벌린은 다른 과학자들과 함께 첫 번째 해외 원정을 떠났어요. 하지만 에벌린은 혼자 탐험을 떠나 자신이 탐험을 책임지고, 자신의 열정을 따르고 싶었어요.

1925년, 에벌린은 결국 혼자 모험을 떠났어요. 여러 어려움이 있었어요. 에벌린은 타히티섬에서 곤충을 찾고 채집하는 동안 하룻밤 내내 비에 젖고, 떨고, 완전히 길을 잃었어요. 결국 에벌린은 기진맥진하고 옷이 엉망진창이 된 채, 캠프로 돌아가는 길을 찾았지요. 하지만 에벌린이 관심을 갖고 채집한 곤충 표본이 담긴 배낭은 무사했어요.

에벌린은 여덟 번이나 혼자 탐험에 나선 자신을 용감하다고 여기지 않았어요. 에벌린은 자서전에 "그것은 용기가 아니라 인내라 불러야 한다."라고 썼어요.

에벌린은 어려운 환경을 견디고 위험한 상황에서 살아남아, 7만 점 이상의 표본을 수집했어요. 몇몇 종은 지금까지 찾지 못한 새로운 종이었어요. 에벌린은 이 표본들을 런던 자연사 박물관에 기증했고, 사람들은 그 표본들을 바탕으로 연구를 할 수 있었어요.

1954년에 에벌린은 마지막 탐험을 했어요. 73세의 나이로 고관절 수술을 한 뒤였지요. 1955년 엘리자베스 2세 여왕은 에벌린의 과학에 대한 공로를 인정하여 대영 제국 최고 훈장을 수여했답니다.

에벌린은 곤충과 곤충의 기원을 연구할 뿐 아니라, 어른과 아이들을 위한 곤충 이야기를 책으로 많이 엮었어요. 1924년, 에벌린의 첫 번째 책 《곤충이 날마다 하는 일과 위대한 작은 곤충》이 출판되었어요. 그 뒤로 에벌린은 자서전 두 권을 비롯해서, 16권이나 되는 책들을 출판했어요.

탐험을 그만둔 뒤에도 에벌린은 런던 자연사 박물관에서 일했어요. 에벌린은 1969년 88세의 나이로 세상을 떠났어요. 하지만 에벌린의 수집품과 이야기들은 계속 살아 있고, 과학자들은 여전히 에벌린 덕분에 새로운 발견을 하고 있어요. 지금까지 적어도 69종이 에벌린의 이름을 따서 이름 붙여졌어요.